# Simplemente Palabras II

Una colección

de

poemas y cuentos

por

Henry Oosterveen, Jr.



Print ISBN 978-0-9748747-6-0

Electronic ISBN: 9831605-6-4

Oosterveen Press

Enderle Publishing

## Poemas

Introducción .-.i
Añoro -- 1
Dos sombras -- 1
Apellido orativo -- 2
Felicitaciones -- 2
El sol -- 2
Arrullo -- 3
Arbolito -- 3
Relámpago -- 4
Cuartito -- 4
Don Yrneh -- 5
Gracias -- 6
Fiel compañero -- 6
Intruso visitante -- 7
La milpa -- 7
Vida ingrata -- 8
Sinsonte -- 8
La tumba -- 9
Locura -- 9
Las cuatro hijas -- 10
Niño tan esperado -- 11
San Quilmas -- 11
No importa -- 12
Río verde -- 13
El niño -- 13
Penas -- 14
Nubes -- 14
Tantos recuerdos -- 15
Golondrinas -- 15
Cuando -- 16
A veces -- 17
Aurora -- 17
¡Ay raza! -- 18
Coraje -- 18
El dulcecitos -- 19
Guitarra solloza -- 19
En brazos -- 20
Memorias -- 20
Me dicen -- 21
No llores -- 21
Mi viejo barrio -- 22
Murió Arturo García -- 22
Nena, nena -- 23
No he logrado -- 23
Noche -- 24
¡Oye tú! -- 24
Peregrino -- 25
¿Qué pensó María? -- 25
Ranchito querido -- 26
Tiempo -- 26
Un mundo de niño -- 27
Una vida -- 27
Y los viejos -- 28
Amor Viejo -- 29
Compréndeme -- 29
Dímelo -- 30
Duérmanse -- 30
Eloísa Pilar -- 31
En mis sueño -- 31
Las palomas -- 32
Vanidad -- 32
Lloraré -- 33
Más allá -- 33
Miénteme -- 34
Llegaste -- 34
Olvidé -- 35
Pinguito -- 35
Si puedes -- 36
Yo tengo un amor -- 36
Amor infiel -- 37
Te prometí -- 37
El amor -- 38
Madre adorada -- 39
Nuestro amor -- 40
Tú y yo -- 40
Caprichoso ideal -- 41
Nombres -- 41
Dos mujeres -- 42
Mi padre -- 43

## Cuentos

De mano -- 44
El escogido -- 46
Don Chucho -- 47
El velorio -- 48
La curandera -- 50

# Simplemente Palabras II

Simplemente Palabras II es una colección de 83 poemas e historias cortas escritas entre 1998 y 2005 por el autor Mexicano-Americano, Henry Oosterveen, Jr. Algunos de sus poemas han sido publicados en revistas literarias universitarias y algunos en otro libro suyo titulado Simplemente Palabras I que ya no se publica.

Hemos reunido todas sus obras y las hemos publicado en este libro para conmemorar su séptima década de vida.

Dios le de buena salud y felicidad por muchas décadas más. Esperamos que disfrute usted de las obras de Henry.

Simplemente Palabras II is a collection of eighty-three poems and shorts during the period of 1998 through 2005 by Mexican-American author, Henry Oosterveen, Jr. Some of the poems have been published in university level literary journals and some in a previously self-published poetry book called Simplemente Palabras I which is out of print.

We thought it fitting to gather all his work and put it together into another volume to commemorate the beginning of his seventh decade of life.

May God give him health and happiness in all the decades to come. We hope that you enjoy reading Henry's work.

## Añoro

Añoro los días de inocencia perdida, días de fe y esperanza,
de velas, incienso y misa.
Cuando todo por voluntad de Dios se hacía
y el mundo de oraciones y promesas vivía.

Los sábados por la tarde nuestros pecados confesando,
el domingo a nuestro Señor en misa recibiendo.
Días de idioma sagrado y de monaguillos vestidos de largo,
ayudando a celebrar la misa del gallo.

Tiempos cuando la confianza en la iglesia y el cura formaban
parte de nuestra fe, esperanza, religión y cultura.
Días antes que la vida, con sus teorías, mentiras y desconfianzas,
nos robara nuestras almas enteras.

## Dos sombras

Dos sombras me acompañan por la vida,
dos figuras queridas de mi pasado.

Ellas me llenan de memorias felices
y de inolvidables recuerdos.

Las encuentro en mis sueños
cariñosamente animándome y sabiamente aconsejándome.

A veces se aparecen en las caras de mis hijas
o en un gesto conmovedor de un ser querido.

Nunca me dejan ni por un momento solo,
siempre guardando vela en mis horas felices
y en mis más amargas tristezas.

O sombras benditas, mis queridos viejos,
qué daría por tenerlos siquier
a una vez más en vida,
cerca de mi lado.

## Apellido Orativo

**O** Padre nuestro que estás en el cielo santificado...
**O** sagrado corazón de Jesús en Tu nombre pedimos...
**S**anta madre de Dios ruega por nosotros pecadores ahora...
**T**ú me limpias de mis impurezas y culpas...
**E**res mi refugio, mi fuerza, mi Dios todo poderoso...
**R**escata Señor mi alma de las llamas del infierno...
**V**en Señor y cambia mi vida con Tu amor...
**E**n cada acto, en cada pensamiento ayúdame Dios mío...
**E**ncantado entro en la casa de mi lindo Señor...
**N**unca Señor lejos de Tí mi corazón permitas vivir...

## Felicitaciones

En este día de tu cumpleaños que Dios te conceda todo tus deseos y que recibas
muchas bendiciones como regalos cayendo del cielo.

Que este día y los que sigan con amor familiar te llenes
y que con buena salud tú sigas para que goces de la vida.

Con mucho cariño y respeto estas pocas palabras te escribo,
para que sepas lo tanto que te quiero
a pesar de la distancia y el tiempo.

## El Sol

Sol que alumbras el cielo y calientas la tierra con tus rayos de flama.
Atraviesas el cielo cruzando de un lado a otro
sin ningún apuro o pena.

Bendita luz que en los tiempos pasados
los Aztecas sabios, *dios,* por nombre te llamaban.

O divino fuego, inmenso farol,
brillante ojo, divino regalo de Dios.

## Arrullo

Arrullo maternal que calma la inquietud,
canción sin palabras melodía de amor.

Brazos tiernos acariciando sin igual,
conduciendo el sueño abrigando con tanta paz.

Labios tibios que besan en bendición,
prometiendo el alivio y amor sin condición.

Que vista más hermosa llegando a ver,
una madre arrullando a su lindo bebé.

## Arbolito

Arbolito querido amigo de mi infancia,
sembrado fuiste tú por madre e hijo en una esquina del viejo patio.

En tu tronco tan grande guardas viejas cicatrices;
tantos secretos de un niño, marcas de una vida y su camino.

Tantas veces debajo de tu sombra escuchaste mis tristes historias,
y también como silencioso testigo mis lágrimas de dolor tú viste.

Crecí y me fui de casa un adulto, sin decirte un adiós
te dejé solo para siempre mi querido arbolito.

Ahora cuando solo y triste en vida me encuentro,
como quisiera debajo de tu sombra sentarme y mis penas decirte.

## Relámpago

Relámpago que cruces el cielo, cicatriz de terror y maravilla,
con tu luz anuncias el trueno que te acompaña por todo tu camino.

Celestial travieso, andariego del cielo,
con tus viajes caprichosos vas, el sueño interrumpiendo,
y sin saber tu misma fuerza mortificas y haces daño.

Pero cuando en juego tu brillante luz se mira exhibiendo la fuerza de tu naturaleza,
sorprendidos nos quedamos viendo tan linda danza primorosa.

## Cuartito

Cuartito solitario con tus cuatro paredes
y tus ventanas oscurecidas.

Entre tu vientre hecho de madera y cartón-yeso
contienes mis pensamientos y mis ensueños.

Te conozco como si parte de mi fueras,
como la piel que cubre mi cuerpo a veces adolorido.

De tus cuatro caras retumban las palabras de mi voz callada,
repitiendo pensamientos que después con pluma en mano escribo.

Tú ves y escuchas mis alegrías, anhelos, ansias,
y mis desconfianzas como diciendo con tu silencio y calma
que nada importa que al fin todo se acaba.

En tu presencia con mis palabras escritas he revelado partes de mi vida,
que quizás otros nunca imaginaron que en mi existieran.

Pero tú bien sabes cuartito discreto que no escribo para que me entiendan,
ni tampoco todos mis pensamientos he escrito.

Porque al fin escribo solamente para revivir y desarrollar mi alma.

# Don Yrneh

Murió Don Yrneh, caballero y cristiano.
Llegando al cielo se encontró con San Pedro.
De este encuentro una discusión surgió en cuestión de la vida del don y su aparente admisión.

San Pedro con las llaves del paraíso en mano al aplicante una respuesta de una pregunta pidió.
« ¿Si amor en vida has tenido a quién generosamente se la has entregado?»

Don Yrneh sin esperar, con confianza y franqueza a San Pedro contestó.
«Primeramente a Dios mi amor espiritual he entregado y en Sus manos mi vida entera se la he dejado. Segundamente a mi esposa y familia mi cariño de esposo y padre sin condiciones de mi corazón a ellos les he dado. Y al fin a mi semejante amor de hermano con comprensión y caridad a él le he regalado.»

San Pedro en su libro esta repuesta escribió, pensando un momento a Don Yrneh preguntó.
« ¿No se te ha olvidado alguno que con tu amor fuera ayudado?»
El don contestó con certeza que de su amor a nadie jamás había despreciado.

El santo con una sonrisa en su boca habló,
« ¿Y que de ti mi amigo honrado, qué amor propio a ti nunca te ha faltado?»
Avergonzado Don Yrneh concedió que el santo con sus palabras en verdad habló que nunca con amor y consideración pensado había su vida jamás tratado.

Desanimado y desconsolado su espalda al santo le dio y con cabeza baja y con lágrimas de tristeza lloró.
« ¡No llores más, amigo mío!» exclamó San Pedro. «Límpiate las lágrimas y entra a gozar con Dios, que cuando tú generosamente tu amor repartías y menos de tú mismo hacías, el Señor de Su trono te veía y con su amor llenaba y bendecía toda tu vida.»

## Gracias

¿Qué hubiera sido de mi vida si no te tuviera a mi lado
dándome comprensión y cariño sin merecerlo?

¿Qué fuerza invisible destinó la unión de dos almas distintas
pero con sólo un corazón latiendo?

¿Qué favor le debo a la vida por la alegría y ternura del amor que me has entregado?

¿Qué formula mágica has usado para cambiar mi destino desafortunado y
transformarlo a un encuentro hechicero?

¿Qué le faltará a mis palabras para explicarle a Dios mi vida contigo,
cuando al fin me encuentre a Su lado?

Tal vez simplemente le diré, ¡Gracias!

## Fiel compañero

O fiel compañero, viejo amigo de mi vejez,
el tiempo nos ha pasado dejándonos después.

De tus días siempre con afecto nos has tratado,
nunca por un momento nos has abandonado.

Creciste entre nosotros como si sangre propia fueras,
acompañando nuestros tiempos buenos como también los malos.

Si premio habría para pagar la fidelidad,
el tuyo sería hecho de oro brillante sin igual.

Que duro será nuestra última despedida,
con lágrimas te diré adiós, o compañero de la vida.

## Intruso visitante

O velo deprimido que cubres y oscureces mi alma robando mis momentos felices y engañando mis pensamientos.
¿De donde procedes, a donde me llevas?

Amistad traicionera que de día en día te acomodas en mi vida ofreciendo consejos que de nada me sirven.
¿De donde naciste, a donde me llevas?

Intruso visitante que con tus excusas mantienes mis horas sin provecho dando tu tiempo creyendo que del cielo eres.
¿De donde brotaste, a donde me llevas?

O burla de la vida que en mi ser te has insinuado pretendiendo conocerme, pretendiendo cuidarme.
¿Con que fuerza te despido, antes que contigo me lleves?

## La milpa

Que bonita es esa milpa que en la distancia se mira,
llena de vida verde que baila en la brisa.

Alrededor de sus cuatro esquinas un bosque hermoso también se mira
que con sus diferentes colores da marco a una linda pintura.

Volando entre su mar de verde se ven tantas palomas con sus alas blancas, nubes caídas del cielo parecen.

No creo que ningún hombre con todo su talento podría jamás capturar en lienzo tan hermosa y linda vista.

## Vida ingrata

Vida me levantas el espíritu para después dejarme caer.

Eres como un amor inconstante que por más que lo quieres y cuidas nunca parece ser satisfecho.

Por años he pagado el precio que me has pedido
hasta con la sangre del corazón.

Lo único que me queda y que no me has robado es mi alma pura
que le pertenece a Dios.

Sería diferente si yo esperaba de ti lo que no me pertenece,
lo que no había ganado con el sudor de mis labores.

Pero tú bien lo sabes vida ciega
que solamente te pido el esfuerzo de mi empeño.

Tienes el aspecto frivoloso de premiar aquel que no lo merece e ignorar el que pasa su tiempo luchando para complacerte.

Pero un día cuando tu compañera la suerte se descuide
me hallarás ganándote a tu mismo juego.
Me verás gozando y riéndome de ti, vida ingrata.

## Sinsonte

Sinsonte que me despiertas por las mañanas
con tu alegre canción de otros robada.

Sea que canción propia no tengas
o que pienses que la tuya un público no merece.

¿Pero qué importa si la canción no es tuya
o que solamente repites lo que de otros pertenece?

Lo que vale es tu voz maravillosa
que con alegría por las mañanas me despierta.

## La tumba

Una tarde en otoño andando entre hojas de árboles caídos,
sin tener razón ni motivo en un panteón viejo solo me encontraba.

Llegando a una tumba vieja con palabras escritas sobre ella,
me paré y con interés y curiosidad profunda me puse a leerlas.

Nunca toda tu fe en un amor pongas,
porque sin fe tal vez te encuentres.

Nunca toda tu confianza en un amigo pongas,
porque sin confianza quizás te halles.

Nunca todo tu cariño en una mujer pongas,
porque sin cariño, mujer y amigo tal vez como yo te quedes.

## Locura

Locura temperamental,
que quiebra la calma y molesta la tranquilidad.

Momentos despreciables,
tan tormentosos robando el alma de su pureza.

Voz elevada,
palabras con emoción invocadas siempre lastimando sin querer.

Corazones inocentes,
ofendidos por actos insensatos culminando en tanta pena después.

Enfermedad maldecida,
odiada herencia de sangre y con razón aborrecida.

Llanto silencioso,
lágrimas sin gotas triste lamento sin ningún consuelo.

## Las cuatro hijas

Esta es la historia de las cuatro hijas,
que con sus vidas bendijeron las vidas de aquellos,
que vida les dieron.

La primera, morena de piel canela y ojos tiernos,
fue el amparo y fortaleza de sus vidas.
Sacrificando por amor su niñez y juventud, cuando más necesitaron de su ayuda.
El primer fruto del amor, siempre fue para ellos...
el sueño adorado.

La segunda, la güera por sobrenombre llamada,
cariñosa y alegre de disposición,
fue la luz que alumbró sus vidas y el ángel guardia de su vejez.
Ternura personificada, siempre fue para ellos…
el latido del corazón.

La tercera, rubia y talentosa, dio calor, pasión y amor
con las palabras de su canción,
fue los momentos de alegría y las memorias felices de sus vidas.
Sentimental de cuna, siempre fue para ellos…
la voz del amor.

La cuarta, de ojos verdes y perfil fino,
de gran amor y compasión al fin conocido y apreciado,
fue la rectitud y recompensa de sus vidas.
Honesta sin igual, siempre fue para ellos…
la dulce conciencia del alma eterna.

Esta es la historia de las cuatro hijas,
que con sus vidas bendijeron las vidas de aquellos,
que vida les dieron.

## Niño tan esperado

Sangre de mi sangre, objeto de mi amor llegas con gran espero, llenando mi corazón.

En tus manitas las llaves tienes para abrir mi corazón,
llenándolo de esperanza florecida y de orgulloso amor.

Con que alegría te recibimos tu abuela y yo,
porque con tu vida pequeña validas nuestra perfecta unión.

De nosotros y de tus tías lo mejor te deseamos,
como a tus padres igualmente con amor felicitamos.

De Dios pedimos que te cuide y guié y que crezcas noble de corazón,
recibiendo y dando siempre, mucho, mucho amor.

## San Quilmas

Noches de estrellas y de luna plateada,
perfumada por flores de verano.

Farolitos de diferentes colores alumbrando los alrededores,
de la vieja plaza Juárez.

Lindas muchachas riéndose con tanta alegría,
vestidas en organza de hermosos colores.

Música de orquesta suave y bailable
llenando el aire conduciendo el romance.

Parejas de enamorados abrazados y oscilando
al compás de un lindo bolero.

O recuerdos viejos sin olvido,
de mi querido y viejo San Quilmas.

## No importa

Me quieren engañar con sus palabras dulces y con sus alabanzas,
mientras detrás de mis espaldas critican mi pasado.

Culpándome por los hechos de otros
que por amor facilitaron mi vida.

No recuerdan que mi voz silenciosa de niño nunca pidió nada,
solamente aceptó lo que me ofrecían.

Mi conducta de adolescente fue formada por las vidas turbulentas de ellos,
causando mi retiro solitario entre vasos y botellas.

No reflejan que la esponja que me lo dio todo
ya estaba casi seca de la exprimida que ellos y los suyos le habían dado.

No pueden negar que las barajas que la vida adulta me ha presentado
las he jugado con honra y fidelidad,
pagando mis deudas familiares con cariño y respeto.

Pero no importa lo que digan o dirán de mi pasado,
ni las críticas del presente.

La vida es corta, la lengua castiga
y yo sigo con mi conciencia limpia por el camino que Dios me ha mandado.

## Río verde

Río verde, hermano del cielo,
hermano de la tierra,
del norte fuiste formado de un manantial suave y escondido.

Viejo y conocido eras
mucho antes que el conquistador
con su idioma española un nombre bendito te diera.

De tu comienzo en el norte tu camino corre al sur,
como huella de serpiente ofreciendo y dando vida.

Vida que como sangre por las venas fortalece y da esperanza
a todos que te usan y te miran.

Por el centro de la ciudad pacíficamente caminas,
pero tiempos habido cuando en enojo con tu aguas has inundado.

Por los años te hemos reformado a nuestro gusto,
pero nunca jamás hemos podido quitarte tu lindo vestuario.

## El niño

El niño lloraba y el niño cantaba,
y el mundo con su arrogancia lo ignoraba.

El niño lloraba y el niño cantaba,
y su corazón lleno de tristeza se quebraba.

El niño lloraba y el niño cantaba,
y observando la vida de ella se reía.

El niño lloraba y el niño cantaba,
y creció solitario con poca fe y esperanza.

El niño lloraba y el niño cantaba,
pero gracias a Dios su alma pura quedaba.

## Penas

Penas, me ahogas con tus aguas insoportables
apresurando y amargando mi vida entera.

Un momento de descanso no me permites
siguiendo mis pasos con persistencia y sin conciencia.

De día y de noche te encuentro entre las sombras
como en espero de un fracaso que cause al fin mi derrota.

A veces pienso que eres producto de mis vanidosos caprichos
o sea simplemente trucos de la vida burladora.

Verme completamente destrozado y sin esperanza
parece ser tu empeño.

Pero enemigo viejo con tu audacia y malas obras no me vencerás.
Tú nunca serás ni lograrás mi desgracia.

## Nubes

Lindas nubes flotante veleros sopladas por el aire,
a veces blancas y livianas y otras veces negras y pesadas.

Pasan por nuestras vistas como si rumbo ni empeño tuvieran,
como si para decorar el cielo solamente existieran.

Sin embargo cuando oscuras y embarazadas con sus lluvias,
enriquecen la tierra con flores y bendicen nuestras vidas.

Pero si solamente para decorar el cielo azul existieran,
sin duda nada más se encontraría con tanta hermosura.

## Tantos recuerdos

Tantos hermosos recuerdos hemos dejado
momentos tan tuyos, tan míos, tan nuestros.

Melodías de amor escuchadas en años pasados,
sin oírlas ya tan olvidadas.

Lindos retratos, recuerdos de nuestras vidas,
cuidadosamente guardados sin verlos, casi desconocidos.

Amigos que compartieron nuestros buenos y malos,
al olvido hemos también tratado.

Pero que triste es un futuro sin memorias o recuerdos del pasado,
por eso un pacto entre los dos haremos.

Resucitar todos nuestros lindos recuerdos
y con ellos al futuro seguiremos.

## Golondrinas

Golondrinas, golondrinas que han volado,
dejando sus viejos nidos olvidados y despreciados.

También mis sueños tan adorados,
como sus nidos he olvidado y abandonado.

Si pudiera, cómo les pidiera,
que con sus alas mis desilusiones se llevaran.

Y que con paz me dejaran,
el corazón y el alma santificada.

## Cuando

Cuando llegue el día de mi última despedida
y mi ida se aparezca una realidad en sus vidas.
No me recuerden con lágrimas ni tristeza,
ni con rencores o reproches,
más bien con comprensión y alegría.
Recordando mis virtudes y no mis defectos.

Recuerden que hombre nací, viví y morí,
siempre honesto, justo y comprensivo pensé vivir.
Que mi meta propia nunca alcancé
y con desprecio mi vida siempre la vi.

Comprendan que amor para dar nunca me faltó,
la falta tal vez sería en no demostrar
los sentimientos del corazón.

Que mi vida siempre para ustedes la viví
y sin duda si otra tuviera esa también de ustedes sería.

Pasando el tiempo si a mi tumba llegan a visitar,
déjenme una rosa, un rezo, y un beso para mi espíritu contemplar.

Porque yo del más allá mi amor siempre les daré
y junto a Dios con nostalgia los esperaré.

## A veces

A veces en desesperación,
buscamos alivio en brazos ofreciéndonos un poco de calor.

A veces en desesperación,
entregamos el corazón rogando que lo acepten con amor.

A veces en desesperación,
seguimos imaginando un mundo de justicia, amor y compasión.

A veces en desesperación,
pedimos consuelo y perdón de un todopoderoso Dios.

Y a veces en desesperación,
abandonamos este mundo por otro con cielo más azul.

## Aurora

Aurora, lindo amanecer,
con brazos abiertos y un rezo en la boca
el milagro de Dios vengo a ver.

Hermosa pintura, Dios dada,
que a mi espirito inspira
para después con corazón alegre a mi Dios dar gracias.

Perfecto anuncio de un nuevo día;
anuncio del sol con todo su calor y su sonrisa amarilla.

Aurora, que linda palabra,
que intencionalmente se escapó de la boca de Dios
dándonos tan gran regalo el primer día de la creación.

## ¡Ay raza!

Ay raza desunida,
que por nombres designados más distancia entre nosotros encontramos.

A veces creemos que designándonos mexicanos, chicanos, tejanos o
mexicoamericanos le damos validez y realidad a nuestras vidas.

Pero la validez y realidad de una raza no se consigue con un nombre
sino con el orgullo de su historia, cultura y tradiciones.

Nos separan pocas diferencias entre nuestras historias, culturas y tradiciones
que debemos recordar que del mismo punto nuestros caminos comenzaron.

Debemos de olvidar nuestras diferencias y comenzar a apreciarnos los unos a los otros
comprendiendo que la fuerza de la mano consiste en los dedos unidos y no separados.

Recordando que de la misma sangre somos,
nacidos de madres indígenas con piel morena y corazón puro
y de padres españoles que a veces fueron muy crueles y descuidados.

## Coraje

Coraje nacido por años de paciencia,
sin dar anuncio brotando con violencia.

Emoción vulcanizada, llena de fuego,
perturbando y creando un ambiente espantoso y desenfrenado.

Actos de locura precipitados por recuerdos,
de momentos pasivos y tan vergonzosos.

Miedo de esta fuia desconocida
que coge y cambia la vida entera.

## El dulcecitos

Martín Zamora, *El dulcecit*os le llamaba
la gente de mi barrio por su manera de vender.

Su producto, dulces de diferentes sabores, vendía de calle en calle gritando
-dulcecitos, dulcecitos-
para que todos de sus casas lo oyeran.

*El dulcecitos,* por los años de mucho peso agregó;
peso no de moneda sino de libras aumentadas porque de su dieta descuidó.

Llegó el día en que por su mala dieta *El dulcecitos* de la diabetes se contagió;
y esta enfermedad tan maldecida *El dulcecitos* poco a poco sin pedazos de su cuerpo se halló.

De manera que Martín Zamora sin una pierna y el pie de la otra, al fin se quedó;
y si uno pasaba por su pobre casita sentado en una silla de ruedas lo encontraba.

Y si por ocasión un saludo le daban diciéndole, "*¿Cómo está, Don Martín?"*
El dulcecitos tristemente le contestaba,
"Aquí me tienes esperando que me lleve Dios.
Pero no parece que tiene apuro, que en pedazos llevarme parece ser Su decisión".

## Guitarra sollozosa

Guitarra, que al verte se admira tu figura fina
de pescuezo largo, cintura delgada, y de caderas anchas.

Tu piel a veces morena y otras veces rubia hecha de fragante cero, ciprés o palisandro
esconde tu voz encantadora que adentro llevas.

Pero cuando la mano con amor acaricia ligeramente tus cuerdas,
que linda voz tan sensual y cariñosa se oye de ti sollozando.

## En brazos

Desde el momento que nació en brazos se recogió,
brazos llenos de amor jamás le faltó.

Brazos maternos fueron los primeros que en su vida encontró,
brazos de una madre con tanta espera en su corazón.

Con brazos familiares siempre se abrigó,
en tiempos cuando necesitaba tanta consolación.

Otros brazos en su camino de vez en cuando encontró,
algunos ofreciendo amor verdadero, otros simplemente calor.

En brazos sus últimos momentos de vida él vio,
para encontrarse finalmente en los brazos de Dios.

## Memorias

¡Ay memorias preciosas! que como una neblina pasajera,
caen sobre nuestros pensamientos, sobre nuestros sueños.

Recuerdos inolvidables de un ayer vivido,
de juventud perdida una mezcla de tristeza y alegría.

Tiempos pasados, pedacitos de un tejido de anhelos inalcanzables,
de amor verdadero inesperadamente encontrado.

Momentos de la vida que por bien o por mal como el presente,
estarán para siempre unidos en nuestros destinos.

## Me dicen

Me dicen que solamente asistiendo a una iglesia con sus rezos
y su coro cantando amorosamente te puedo encontrar.

Me dicen que solamente leyendo el libro sagrado con sus palabras tan santas
y misteriosas te puedo conocer.

Me dicen que solamente siendo un cristiano, uno de los elegidos
Tu amor y mi salvación puedo conseguir.

¿Pero, desde cuándo Dios mío, Te encuentras solamente en un edificio,
Te conoces solamente en un libro,
y Tu amor y la salvación solamente se consigue en un grupo de gente?

Si para encontrarte, entenderte y conseguir Tu amor y salvación
solamente necesito amarte,
amar a mi prójimo como me amo yo y como nos amas Tú.

## No llores

No llores corazón,
por los engaños ni por las mentiras de la vida.

No dejes corazón,
que el dolor te marque con cicatrices de desilusión y pena.

No sientas corazón,
humillación por todos tus fracasos ni dejes que el coraje te consuma.

Piensa que si no fuera por las heridas que has sufrido no hubieras comprendido la vida.

No llores corazón,
por recuerdos más bien olvidados;
porque si lloras tú, sin falta también lloraré yo.

## Mi viejo barrio

La tarde con su sol cansado baja sobre la vida y
la existencia de mi viejo barrio.

Las casas están pintadas de diferentes colores;
de sus cocinas salen olores sabrosos de comidas picantes.

La calle está llena de jóvenes que ruidosamente juegan,
hablan y gritan en un solo idioma, mezcla de dos culturas.

Música alegre se escucha por el aire mitigando la tristeza y
dando vida como sangre pura por las venas.

El grito de una madre o el silbido de un padre
llama a los hijos al hogar.

La noche silenciosa ofrece su descanso para que mañana siga
mi viejo barrio sobreviviendo su humilde existencia.

## Murió Arturo García

Murió Arturo García, se oyó decir por todo el barrio.
Murió de un tiro en la cabeza en una selva en Camboya.

Murió Arturo García, *el Borrado,* que por ese sobre nombre se conocía.
Murió peleando valientemente por nuestra querida bandera.

Murió Arturo García, el que se juntaba con *el Felipón*, *el Flaco* y *la Tortuga*.
Murió tan joven que ni los dieciocho años de vida había cumplido.

Murió Arturo García, y su muerte llegó como un aviso.
Murió sin darse cuenta que muy pronto otros del barrio lo seguirían.

Murió Arturo García, y sobre su ataúd se vio nuestra querida bandera extendida.
Murió con las gracias de un país muy agradecido,
proclamado un héroe y un hijo querido,
aunque en vida más bien se trató como entenado
que como verdadero hijo.

## Nena, nena

Nena, nena, brincando la cuerda
subes y bajas con tanta alegría.

Tus trenzas morenas siguen el ritmo
de tu canción de versos repetidos.

El sonido de tus pies pegando en la acera
se armoniza con el sonido de tu cuerda ligera.

Brincas y brincas sin pausa ni mal paso.
Viéndote jugar que cansado y viejo me siento.

## No he logrado

Llegué a esconder los sentimientos del corazón con el silencio de la boca
y parar las lágrimas del alma con el cerrar de los ojos.

Pude engañar otros corazones fingiendo una cara de indiferencia
y maté el dolor de la vida con la dureza del corazón.

Olvidé los recuerdos del ayer entre nubes sopladas por aires del olvido
y los pensamientos de un futuro sin esperanza cubrí
con una frazada vieja y sin uso.

Pero lo que más he querido hacer y no he logrado
es abandonar y destruir mi humanidad
que me sigue y me busca como un sueño repetido
y que no me deja en paz.

## Noche

Noche negra sin conciencia, llena de amargura y tristeza.

Alma solitaria sin esperanza, llena de dolor y desespero.

Corazón destrozado sin cariño, lleno de lágrimas y desconsuelo.

Llanto sofocante sin alivio, lleno de angustia y  locura.

Vida terminada sin reflejo, llena de desilusión y reproche.

Noche oscura sin estrellas, llena de soledad y muerte.

## ¡Oye tú!

¡Oye tú!
con los ojos cerrados y que dejas la injusticia y el sufrimiento de otros
que sigan sin molesta.

¡Oye tú!
con las manos sobre los oídos queriendo tapar con tu sordera
los gritos y llantos de los que por hambre lloran.

¡Oye tú!
con la boca sin lengua y que con tu mudez permites sin protesta
la matanza de tanta inocencia.

¡Oye tú!
que invisible te crees y que pretendes esconderte
de las obligaciones de la vida.

No te engañes amigo mío,
que de Dios y la conciencia esconderse jamás se puede.

## Peregrino

Peregrino que vas cruzando los caminos de la vida
buscando la paz que siempre te elude.

Como quisieras hallar en tus andanzas lo que tu alma inquieta por años ha deseado.

Tu búsqueda te ha llevado por caminos buenos como también malos.

Pero un día verás que todo camino termina
y lo que tanto buscaste como un tesoro precioso hallarás en el amor propio.

## ¿Qué pensó María?

¿Qué pensó María del aviso que recibió,
de la orden que por amor a Dios sin vacilación aceptó?

¿Qué pensó María de la vida que llevó dentro ella,
de la felicidad y la amargura que encontró en su camino?

¿Qué pensó María de su niño tan divino,
que cada día más y más a Su Padre se pareció?

¿Qué pensó María del hombre que tantos admiraron y adoraron
y que con tanto cariño en sus brazos arrulló?

¿Qué pensó María de su hijo que en un pedazo de árbol se vio colgado
y que con Su mirada tan triste le dijo - *te quiero*?

¿Qué pensó María de su vida como madre,
que por un aviso tan inesperado fue para siempre dolorosamente cambiada?

## Ranchito querido

¿Qué ha quedado del ranchito querido donde tantos sueños se forjaron,
donde tantos sueños se acabaron?

¿Qué ha quedado del viejo encino,
donde debajo de su ramas alegres momentos se pasaron?

¿Cuántas nuevas estrellas y lunas plateadas se han visto alumbrando
su lindo y hermoso cielo?

¿Cuánto cariño se ha quedado enterrado en su suelo
brotando como flores azules cada primavera?

## Tiempo

O tiempo perdido que ni por un instante te detienes
llevándote contigo momentos que no devuelves.

O tiempo que jamás marcas la historia de una vida
dejando después para siempre solamente memorias.

O tiempo pasajero creación de Dios para el hombre
ayudándole conocer la distancia de sitio a sitio.

O tiempo así por el hombre llamado
la vida quizás pareciera más larga
si no te tuviéramos a nuestro lado.

## Un mundo de niño

Trompos, canicas y papalotes de papel,
yoyos, pitos, carritos y libros de magia para leer.

Rompecabezas en pedazos desparramados por allí y allá,
cuadernos llenos de dibujos, fantasías de la imaginación

Un mundo solo tuyo sin limites ni restricciones,
un mundo de niño lleno de esperanza, inocencia y amor.

## Una vida

Nació nervioso y con un miedo a la vida
heredado de un vientre maternal lleno de tristeza y soledad.

Su manera de ser nunca correspondió a la esperanza y sueño de un padre exigente
y de su familia jamás comprensión halló.

Siempre pensativo e introspectivo de la vida y sus enredos se escondió
y en sueños y hechos imaginativos su juventud y vida jamás vivió.

Dentro de sus pensamientos toda su ambición y sueños logró
pero por su manera de ser en vida nunca estos realizó.

En el libro de su vida páginas en blanco y otras escritas a medias a su muerte dejó
para que Dios con toda Su sabiduría su vida llena de frustradas posibilidades
pudiera leer y juzgar con Su gran amor.

## Y los viejos

El dios de la guerra sus brazos extendió
y con una sonrisa las ideas del patriotismo promovió.
Y los viejos del mundo con tanto poder,
viendo la ventaja sacrificaron con gusto la juventud para él.
Sus hijos cuidaron de la tempestad,
pero los hijos de los pobres mandaron a pelear.

Prometieron que ésta sería la última guerra que se había de pelear,
pero a decir un cuarto de siglo el dios con su sombra llegó a visitar.
Esta vez un discípulo bajo y bigotón
con sus ilusiones de grandeza y su odio sin razón,
un homenaje sangriento a este dios le dio.
El mundo lleno de sangre corrió,
sangre de cristiano como también la de la gente de Dios.
Y los viejos del mundo con tanto poder,
viendo la ventaja sacrificaron con gusto la juventud para él.
Sus hijos cuidaron de la tempestad,
pero los hijos de los pobres mandaron a pelear.

Y en los años precipitando la época del Acuario
el dios otra vez despertó y entre una raza asiática un homenaje pidió.
Hermano contra hermano de una manera bruta se mató
y con la ayuda de otros la linda tierra se murió.
Y los viejos del mundo con tanto poder,
viendo la ventaja sacrificaron con gusto la juventud para él.
Sus hijos cuidaron de la tempestad,
pero los hijos de los pobres mandaron a pelear.

Y el dios de la guerra sigue extendiendo sus brazos como ayer,
pidiendo homenaje de los hombres una y otra vez.
Y los viejos del mundo con tanto poder,
viendo la ventaja siguen sacrificando la juventud para él.
Sus hijos cuidan de la tempestad,
pero los hijos de los pobres siguen mandando a pelear.

## Amor viejo

Amor primero,
amor de primavera,
que como un día hermoso llegó, se disfrutó y se recuerda.

Amor inocente,
amor de juego,
que no llegó más allá del intento de dos corazones jóvenes.

Amor viejo,
amor de la memoria,
que sirvió como muestra para el que ahora llena la vida.

Amor apreciado,
amor del recuerdo,
que llenó el corazón hasta que llegara el amor verdadero.

## Compréndeme

Abrázame fuerte y largamente
para que sientas mis ansias con cada latido del corazón.

Bésame dulcemente y con ternura
para que saborees el amor que existe en mi ser.

Mira mis ojos sin vergüenza
para que en ellos mires lo tanto que te quiero.

Escucha mis pobres poemas de amor
para que reconozcas que toda mi vida eres tú.

## Dímelo

Si tus días se han vuelto insoportables
y sientes las horas conmigo como una sentencia de prisión.
Dímelo.

Si tus noches se han vuelto frías
y que solamente en tus sueños sientes el calor que antes en mis brazos hallabas.
Dímelo.

Si mi presencia en tu vida como también mis palabras te fastidia
como un viento caliente que no da alivio.
Dímelo.

Si tu amor para mi se ha acabado
y tus ojos que un día me vieron con respeto
y ternura ahora solamente me ven con lástima.
Dímelo.
Por amor a Dios.
Dímelo.

## Duérmanse

Duérmanse, duérmanse, mis niñas hermosas que las estrellas en el cielo ya se miran
y la luna con su luz tan clara por la ventana ilumina sus lindas caras.

Duérmanse, duérmanse, mis niñas consentidas que más excusas no les quedan
y que agua ya les he dado y su cuento favorito les he contado.

Duérmanse, duérmanse, mis niñas adoradas que con sueño sus lindos ojos ya se cierran
y los angelitos anhelosamente las esperan para que jueguen con ellos en sus sueños.

## Eloisa Pilar

Eloisa Pilar, cómo de menos te hecho cuando el día nublado y sin sol parece;
cuando mis ojos de lágrimas se llenan de la amarga pesadilla de la vida.

Eloisa Pilar, como siempre te recuerdo al escuchar una vieja melodía
con palabras dulces y ritmo tan suave,
al recordar tu voz cantándola con tanto sentimiento y dulzura.

Eloisa Pilar, como nunca te has ido de mi memoria de mi vida
que en mi memoria como un lindo sueño sin acabar permaneces hasta este día.

## En mi sueño

En mi sueño te veo como antes eras
con tu cabello largo y tus ojos brillantes.

Tu cara joven con una sonrisa tan tuya
me alegra el corazón como antes lo hacía.

Oigo tu voz alta y juguetona
hablándome de cosas, gentes y eventos que casi se me han olvidado.

Detengo tus manos entre las mías
y siento un fuerte pulso latiendo de sangre joven.

Despierto de mi sueño y viéndote a mi lado sonrío
comprendiendo que no necesito un sueño para recordar como eras
porque para mí siempre serás mi linda novia de entonces.

## Las palomas

Este día volaron las palomas dejando su nido sin calor, sin cariño.
Volaron queriendo gozar de la vida hacia valles con más hermosura.

Este día volaron las palomas dejando tanta tristeza, tanta amargura.
Volaron con un canto en la boca diciendo alegremente volveremos un día.

Este día volaron las palomas con sus alas tan fuertes, tan hermosas.
Volaron sin darse cuenta que lo que más buscaban habían dejado en su nido.

## Vanidad

O vanidad caprichosa con tus hechos amargas la vida,
como una tormenta sin fin, inundes y destruyes el alma.

Con tu cara llena de reproche no olvidas ni perdonas
y si no fuera por amor propio amor no conocieras.

Pero vanidad que mal te acompaña el orgullo,
un día veras que también la soledad será tu amiga.

## Lloraré

Lloraré el recuerdo de la primavera con sus días tan hermosos
como también el recuerdo de la alegría de tu alma y la canción de tu risa.

Lloraré el recuerdo del verano con sus noches tan estrelladas
como también el recuerdo del silencio de tu presencia y las caricias de tus manos.

Lloraré el recuerdo del otoño con su luna tan dorada
como también el recuerdo de tus lindos ojos que me miran y me dicen, te quiero.

Lloraré el recuerdo del invierno con sus noches tan frías
como también el recuerdo de la ternura de tus caricias y el calor de tus brazos.

Pero al llegar el momento de nuestra última despedida el recuerdo que más lloraré
será el recuerdo del amor y la vida que compartí contigo.

## Más allá

Más allá de la tierra verde con sus mares azules
y de las estrellas y la luna con sus luces tan divinas.

Más allá de la oscuridad del cielo negro tan desconocido
y del pensamiento tan humano que comprende.

Más allá del amor tan bello que nos une
y bendice nuestra vidas tan felices.

Más allá con un divino comienzo
nuestra almas unidas nacieron.

## Miénteme

Miénteme si quieres de tu pasado,
de tu vida sin mí,
hasta el día antes de conocerme.

Miénteme si quieres de los errores que has cometido
y que ocultas de mí para no lastimarme.

Miénteme si quieres de pensamientos tan tuyos,
pensamientos sagrados, que solamente tú y Dios conocen.

Pero nunca me mientas al decirme - *te quiero*,
porque esa mentira jamás, te perdonaré.

## Llegaste

Llegaste a mi lado cuando mi vida de tristeza se hallaba
y con tu amor como una brisa de alivio curaste mis heridas.

Borraste con tus palabras todas mis malas memorias
y con tu amor tan puro de sueños e ilusiones mi vida llenaste.

Llegaste a mi vida como si antes me hubieras conocido
como se me hubieras amado en otro tiempo, en otra vida.

Naciste para quererme, como yo para adorarte
y si en otra vida nos encontraremos;
como hoy seguiremos enamorados.

## Olvidé

Olvidé los días tan tristes
y las noches tan solas que una vez viví.

Olvidé las heridas profundas,
el coraje y la amargura que un día sentí.

Olvidé las mentiras, los desprecios tan grandes,
y los besos profanos que yo recibí.

Olvidé todo mi pasado,
como despertando de un mal sueño,
todo lo olvide – hasta el momento en que te conocí.

## Pinguito

-¡Que pinguito!- cariñosamente exclaman las mujeres al verte pasar
y los hombres se sonríen recordando tiempos que no volverán.

Siempre en travesuras pareces andar
pero nadie puede negar tu buena voluntad.

Un grito allí, una carcajada allá,
para ti el silencio es solamente una palabra para usar.

Pero cuando dormido te veo entre sueños sonreír,
¡Hay pinguito querido, en que travesuras andarás!

## Si puedes

Olvida si puedes los años juntos,
el amor de nosotros,
la vida conmigo.

Abandona si puedes el calor de mis brazos,
la ternura de mis caricias,
los besos tan sagrados.

Engaña si puedes tus pensamientos,
el corazón latiendo,
los deseos del alma.

Perdona si puedes las ofensas dadas,
los momentos de celos,
las palabras dichas con coraje.

Vuelve si puedes al que te quiere,
el que ansiosamente te espera,
el que poco a poco sin ti se muere.

## Yo tengo un amor

Yo tengo un amor - tan puro, tan verdadero
y como un compañero viejo a mi lado ha seguido.

Yo tengo un amor - que por los años como una linda flor ha crecido
y ha brotado tan grande que mi pobre corazón no lo ha contenido.

Yo tengo un amor - palabra a Dios que si lo tengo
y aunque tú no lo hubieras querido - de ti solamente ha sido.

## Amor infiel

De tu vida ofreciste lo mejor dando tu juventud
como muestra de tu amor.

Momentos de caricias precipitadas por pasión,
alegraron tu vida dándole esperanza a tu corazón.

Orgullosamente diste a luz, creyendo que los hijos
eran producto de mutuo respeto y amor.

Por los años olvidaste ofensas y maltratos
convenciéndote que eran ratos de coraje y no falta de amor.

Los años pasaron la vejez se acercó
y tú siempre agradeciendo tu nido de amor.

Pero el día ha llegado en que tus propias mentiras han dejado de convencerte,
que tu vida pensaste llena de amor ha sido siempre falsa y fingida por tu corazón.

Que el amor con que has soñado por todos estos años no merece tu respeto ni tu fe.
Que este amor te ha traicionado y te ha pagado con un amor infiel.

## Te prometí

Te prometí,
bajarte la luna y las estrellas para decorar tu vida,
pero te fallé;
y la luna como las estrellas se quedaron en el cielo.

Te prometí,
protegerte de mortificación y pesar rodeándote con felicidad,
pero te fallé;
y ni con todo mi amor te pude proteger de la vida.

Te prometí,
amarte como se ama a Dios con todo el alma y el corazón,
pero te fallé;
porque en amarte, casi me olvidé de Dios.

## El amor

Quizás el amor es un sueño realizado al despertar.
Ofreciéndonos la oportunidad para seguir desarrollando nuestros anhelos.

Pero sin pensar ni comprender el misterio del amor
nos envolvemos en el proceso vivante de amar y ser amados.

Este viaje amoroso es tan necesario a nuestras vidas
como el agua que bebemos y el aire que respiramos.

Y con su fuerza divina sigue nuestros pasos
a veces atropellándonos hasta la muerte.

Es tan natural el querer para el ser humano que morir por falta de amor
no es cuento infantil sino realidad humana.

Para unos el amor es el sueño adorado realizado en la tierra,
para otros es la pesadilla más infernal de sus vidas.

Unos damos la vida entera por el amor,
otros damos el amor por la vida entera.

Sin duda el amor es a veces caprichoso e inconstante
destruyendo ilusiones y corazones.

Sin embargo cuando se llega a encontrar el verdadero amor
nos alumbra nuestros cielos y completa nuestras vidas.

## Madre adorada

Entro a la casa dónde vive mi reina,
la mujer que me acunó y que me dio la vida.

Oigo su voz tan clara llamándome a su lado.
La encuentro en la cocina tarareando una melodía.

Su sonrisa, su pelo enrizado y sus ojos tiernos
me recuerdan lo tanto que la quiero.

Me siento en una silla cerca a la mesa y me habla de su día,
me pregunta de mi día.

Constantemente mezcla en una olla, después bate en una cazuela;
porque desde que la conozco eso ha sido uno de sus empleos.

Viéndola cocinar me recuerda de esos tiempos
cuando de niño me sentaba en su regazo.

Viejas canciones me cantaba para arrullarme,
pero sin saber que era su cariño y caricias lo que conducían mis sueños.

Acaba con sus quehaceres, se sienta a mi lado,
hablándome de familia - quejándose y a la vez riéndose de mi padre.

Es tiempo para irme para convivir con mi familia, le doy un abrazo y le beso la frente.
La dejo como una pintura con la puerta como marco
dándome su sonrisa y bendiciendo mi despedida.

Despierto con ojos húmedos y mi almohada mojada,
reflejo en mi sueño y sonrío.
Comprendiendo que las lágrimas de mis ojos soñolientos
no son de nostalgia pero de agradecimiento.
Porque madre adorada, te tuve a mi lado y me has bendecido toda la vida.

## Nuestro amor

Si volveríamos a nacer sin memoria o recuerdo
y nuestras caras y figuras diferente de lo presente fueran -
nuestras almas sin duda se reconocerían, si nada más por el hecho de nuestro gran amor.

Sin palabras ni gestos conmovedores, de nuestros corazones unidos brotaría,
una hermosa flor abrasando nuestras vidas afortunadas y nuestro viejo amor.

Nuestro amor no se encuentra en la memoria, ni se halla en el recuerdo del ayer,
simplemente se da y se vive, cada día con cada latido del corazón.

## Tú y yo

Los años se pasan, el tiempo se marcha, el sol del día se separa -
pero siempre juntos, seguimos tú y yo.

Nuestros padres descansan, la vida se alarga, el viento la hoja se lleva -
pero siempre juntos, seguimos tú y yo.

Los hijos se casan, el nido se cambia, el agua al río se despide -
pero siempre juntos, seguimos tú y yo.

Los sueños se acaban, la ilusión se termina, el invierno la rosa hermosa marchita-
pero siempre juntos, seguimos tú y yo.

Los enamorados se separan, la muerte se alegra, la noche sin la luna llora -
pero siempre juntos, seguiremos tú y yo.

## Caprichoso ideal

Piensas en el amor de ayer con nostalgia y cariño,
deseando capturar el tiempo pasado con lindas memorias y viejas melodías.

Visitas de nuevo tu juventud llena de momentos felices y de alegría,
recordando cuerpos fuertes y caras frescas bañadas en risas divinas.

Lloras inútilmente por tiempos olvidados y oportunidades perdidas,
con ojos llenos de tristeza y amargura,
sabiendo muy bien que tus lágrimas brotantes pueden volverte aquellos tiempos adorados.

Nadas en el río del olvido sin pensar ni anticipar el futuro,
saboreando tus viejos ensueños como una buena y preciosa bebida.

Pero confórmate consentida mía en dejar tus memorias juveniles en el pasado,
donde para siempre estarán guardadas.

Enfoca tu mirada soñadora en el mañana, donde te espera tu viejo amor espinado y ensangrentado-
ese amor que es tan tuyo y que nunca te ha fallado.

Deja por fin tu caprichoso ideal en el ayer,
que como siempre en la distancia te espera mi amor.

## Nombres

Nombres que se dieron con ternura y amor;
nombres de princesas y reinas que mi esposa escogió.

Nombres que para siempre distinguen una de la otra;
nombres que llenan el corazón de una canción.

Nombres que nos llenan con tanto amor;
nombres de hijas que Dios nos dio.

## Dos mujeres

Dos mujeres me han querido en esta vida,
dos mujeres con su amor me han enseñado.

Una con amor me dio la vida,
la otra con amor su vida me ha entregado.

Dos mujeres me han querido en esta vida,
dos mujeres tan distintas pero a la vez tan similares.

Una con paciencia me explicó la vida,
la otra con su vida la paciencia me ha dado.

Dos mujeres me han querido en esta vida,
dos mujeres sin condiciones me han querido.

Una con ternura me entregó a la otra,
la otra con ternura me aceptó.

Dos mujeres me han querido en esta vida,
dos mujeres que Dios puso en mi camino.

Una de niño a adolescente me guió con sus consejos,
la otra con sus consejos - de mí un hombre sabio ha hecho.

Dos mujeres me han querido en esta vida,
dos mujeres que han bendecido toda mi vida.

## Mi padre

Semillas de la vida cuidadosamente sembradas me dejó sin darse cuenta,
pedacitos de su corazón repartidos cariñosamente poco a poco fue mi herencia.

Historias del pasado, cuentos viejos, chistes traviesos escuché de su voz vibrante,
consejos de una vida llena de experiencia me dio de su boca.

Tiempos afectuosos cuando su manera estricta se escondía,
fueron momentos escogidos para demostrar el amor que me tenía.

Ejemplos de bondad, perdón y grandeza viví en su presencia,
nunca observando jamás un quejido de miseria o acto de cobardía.

La palabra de un hombre y el valor lo aprendí a su manera,
un tesoro que, aunque sea pobre yo, siempre me ha servido como preciosa moneda.

Su modo de vivir, su actitud positiva me dio esperanza y confianza,
y gracias a él conozco lo que es vivir y actuar como un hombre querido.

## Cuentos

## De mano

Por las tardes caminaba él alegremente para verla y contemplar su hermosura.
Siempre la hallaba esperándolo sentada debajo de un árbol.
Viéndolo, su cara se iluminaba con una sonrisa llena de amor y ternura.
Se levantaba y casi corriendo a sus brazos llegaba,
y con un abrazo tan fuerte que parecía quererle quitar la vida le daba un beso,
un beso tan puro, que nadie solamente su madre de sus labios le habían dado.

Él la quería más que a su vida y aunque pobre de dinero, pobre de amor no se encontraba.
Ella lo adoraba como si un dios fuera,
y aunque nacida de cuna alta nada le importaba solamente el amor que se tenían.
Se cogían de la mano, la de él morena y encallecida - la de ella blanca y fina como porcelana y así con sus manos entrenzadas caminaban sin apuro, caminaban sin pena.
La tarde se volvía noche y con la luna y las estrellas viéndolos celosamente canciones de amor y esperanza se cantaban para contarse su amor con palabras musicales.

Pero su felicidad y gran amor otros ojos con celos los veían,
y en tiempo esos ojos celosos llenos de envidia dos vidas destrozarían.
Consejeros de acuerdo se pusieron que él no la merecía,
y que otro de su clase social a ella más bien le convenía.
En fin con murmullos y palabras secretas se propusieron separar este amor tan puro.
Con amistad deceptiva y palabras tan dulces y comprensivas estos consejeros a él le convencieron que su amor para ella una vida de pena y pobreza solamente podría ofrecerle y que si en verdad la quería, no había otra solución mas que alejarse de su vida.

Él la encontró como siempre sentada debajo de un árbol,
y viéndolo voló a sus brazos como un pájaro a su nido.
Él la abrazó fuertemente sabiendo muy bien que este sería el último abrazo de su vida.
Con su corazón hecho pedazos pero con una voz falsamente fuerte le dijo que ya no la quería y que su amor a otro más bien diera.
Con un último adiós, su espalda le dio e ignorando sus ansias para abrazarla
y besarla de su vida caminó.

Oyó el llanto de su boca escapar y como un loco corrió dejándola llorando, dejándole su corazón.
Con su corazón partido y la memoria de su amor tan presente, caminó junto al río y con lágrimas de tristeza y con un grito de desespero al río se tiró.

Encontraron su cuerpo sin vida el siguiente día, con sus brazos abiertos como queriendo abrazar la muerte o queriendo una vez más tenerla en sus brazos.
Ella oyendo de su muerte cayó al suelo de un desmayo;
un desmayo de muerte, parándole para siempre su corazón partido.
Los años han pasado desde la muerte de estos dos enamorados.
Pero en noches estrelladas y de luna clara, hay algunos que dicen
que ven una pareja de enamorados caminado con manos entrenzadas,
y juran que lindas canciones de amor se oyen cantar.

## El escogido

Despierto del amor y calor de mis sueños a la fría soledad de mi cuarto y la áspera realidad de mi amarga existencia. Le pido a Dios perdón, le pido fuerza. No oigo, no percibo ninguna respuesta, una repuesta que ponga mis dudas a descansar. Mis dudas que siempre son las mismas, ¿ quién soy yo? ¿de qué utilidad sirvo en esta vida? Mis dudas han tomado una fuerza propia que no solamente dominan mis horas conscientes pero se han insinuado en mis sueños. Sueños que antes eran solamente de servir a Dios y a mi semejante han sido reemplazados por sueños de amor, esposa, hijos...familia.

Yo soy uno de los pocos escogidos, uno que oyó la Voz y la siguió. Solo era un joven de catorce años cuando oí el llamado. No conocía nada de la vida pero tenía un gran deseo de amar y servir a Dios. ¿Sería que fui engañado por un grupo de hombres para que creyera que para servir a Dios y ayudar a mi semejante necesitaba abandonar y sacrificar todo? ¿Que necesitaba darle contra la naturaleza, contra lo que Dios había propuesto para todo ser humano? ¿Que debía dedicar mi vida consolando y administrando a las necesidades de la esposa de mi prójimo, pero nunca a la mía? ¿Que debía ayudar y enseñar a los hijos de mi prójimo, pero nunca a los míos? ¿Que en la tarde después de un día de trabajo cuando mi "hermano" regresa a casa y al calor y amor de esposa e hijos, seré yo destinado a volver a mi cuarto solitario y a las miradas frías de estatuas hechas de yeso? ¿Qué cuando me pongo mi sotana y mi cuello de blanco pierdo todos mis cinco sentidos? ¿Qué no miro la belleza en una linda cara femenina? ¿Qué estoy sordo a las alegres voces de niños en juego? ¿Qué no anhelo una dulce caricia? ¿Qué en una noche de verano al oler una fragancia femenina, que debía sentir solamente indiferencia? ¿Qué mis labios solamente debían ser usados para hablar pero nunca para tocar otros en solemne ternura. ¿Qué cuando mi deber me obliga a darle consejos a un joven nuevamente enamorado, qué experiencia humana me da el derecho de hacerlo? ¿Qué amor apasionado he sentido yo? ¿Cuando una esposa me habla de sus frustraciones, sus deberes matrimoniales, sus obligaciones maternas, de qué experiencia familiar recojo los consejos que le darán paz? ¿Cuando necesito regañar a un hombre por sus vicios y el abandono de su familia, qué tan hondo necesito buscar dentro de mí para encontrar y sentir las obligaciones de familia que a veces sofocan a un hombre mandándolo entre los brazos del alcohol y el olvido?

Mi Dios, ¿dónde se separa lo físico de lo divino en mí? ¿No es posible que me he vuelto medio hombre dedicando mi vida a Ti? ¿Qué? ¿No puedo amar como otros hombres y también ser Tu sirviente? ¿Qué? ¿Estoy obligado para siempre a amar y a hacer fiel a una mujer hecha de mortero y ladrillo? ¿Qué? ¿Necesito reprimir todos mis pensamientos y emociones hasta que no sienta nada solamente arrepentimiento de una vida llena de dedicación pero sin satisfacción? Dios mío ayúdame a encontrar las repuestas a mis preguntas, dame paz, déjame dormir. Déjame regresar al amor y al calor de mis sueños. Déjame volver a soñar de amor, esposa, hijos...familia.

# Don Chucho

El sábado pasado, el diez y seis de septiembre del presente año, murió Don Chucho Talvéz. Residente extraordinario de este pueblo, respetado y querido  por todos, de mucho dinero, de gran apetito, y de inmensa barriga. Falleció en casa por la noche acompañado por familia y amistades, cuando ellos en cena celebraban nuestro día de independencia. El reporte médico oficial confirmó que el difunto falleció de enfermedad cardíaca. Pero hay algunos que presentes estuvieron que juran que murió de asfixio. Ya que al tiempo de su muerte Don Chucho en boca había puesto un trozo grande de pollo asado, una decena de papas fritas, un pedazo de pan mantequillado y con tenedor en mano un servido de arroz a su boca había enviado.

Doña Elvira, la viuda dejada, al notar la muerte de su compañero sin esperanza ni consuelo con voz alta lloraba, «¿y ahora que haré con tanta comida en casa?» Ellos que afortunadamente al acontecimiento presentes estuvieron, sin duda declararon que con corazón contento Don Chucho había muerto.

El entierro de tan grande personaje un hecho no fácil se llevó acabo, ya que el ataúd del tamaño y refuerzo necesario por todo el pueblo y pueblos vecindarios encontrar no se pudo. Al fin Don Fidel Molesto, comerciante de pianos, órganos, violines, guitarras y músico extraordinario, a  la familia de Don Chucho con mucho respeto formalmente un cajón de piano ofreció para el entierro. Don Fidel con tanto orgullo se le oyó exclamar que nunca tan gran ataúd para un personaje tan grande jamás se había visto.

El día del entierro después de misa cantada, el cuerpo de Don Chucho cargado por ocho hombres fuertes y esos ayudados por otros cuatro, en su cajón de piano al panteón de San Isidro fue enviado. La familia de Don Chucho y los cargadores, con hombros ya cansados, al entrar al panteón lleno de gente lo encontraron. Al llegar al pozo designado, por descuido o por un empujón no visto, con un tronido el cajón y el muerto al pozo cayeron; dos cargadores y parte de la familia también siguieron.  Arriba de toda esta comedia Doña Elvira se hallaba con faldas levantadas y sus pies cielo arriba enseñando. Después de tanto intrincamiento los cargadores, la familia y Doña Elvira con sus enaguas ya sosegadas, y sin ponerle atención a la pelusa todavía carcajeando, con el entierro de Don Chucho siguieron.

El cura en solemne vestidura bendijo la designada tumba y con una última oración a Don Chucho despidió. Por lo visto y por aclamación del pueblo presente, nunca en la historia de este pueblo jamás se había visto un entierro tan fino o tan divertido como el de nuestro querido, Don Chucho.

## El velorio

Un día de enero, nos avisaron a mis amigos y a mí de la muerte de Doña Sarita,
fiel compañera y esposa de Don Casimiro y querida madre
de las tres hermosas hermanas Treviño.

Después del aviso de tan mala noticia mis amigos y yo de acuerdo nos pusimos
que como amistades de la familia y no olvidando la tristeza de las tres hermanas Treviño
al velorio asistiríamos.

Por desgracia el día del velorio como a veces pasa en la tierra de mi nacimiento
el tiempo cambió de bueno a malo como en un cerrar de ojo,
los árboles desnudos temblaban del peso del hielo que había caído del cielo y que
colgaba como aretes cristalinos de las ramas deshojadas.

Esa tarde al llegar a la casa Treviño y entrar a ese pobre y humilde hogar donde el
cuerpo de la difunta había de ser velado,
mis amigos y yo sorprendidos nos quedamos de ver tanta gente reunida en tan chica
sala.
Notamos el arreglo del cuerpo de Doña Sarita tendido sobre una vieja mesa con patas
temblosas del peso de tan grande y buena dama.
Enfrente de ese altar de amor en cada lado dos grandes candeleros con sus velas
encendidas como Ángeles de guardia alumbraban el cuerpo sin vida de Doña Sarita.
Entre esos dos centenales un arrodillador estaba colocado para el uso de las amistades
que quisieran usarlo.

Como por costumbre y educación mis amigos y yo primeramente a Doña Sarita nuestros
últimos respetos pagamos y un rezo para su eterno descanso a Dios ofrecimos.
Después a Don Casimiro una mano extendimos ofreciéndole nuestro más sentido
pésame como igualmente a las hermosas hermanas Treviño un fuerte abrazo, un beso en
la mejía y nuestros más sinceros sentimientos les entregamos.

Viendo la multitud de gente en esa chica sala y sintiéndonos un poco sofocados a la
entrada de la casa nos regresamos.
Nos colocamos en cada lado de la puerta abierta y de allí esperamos la llegada del cura y
el comienzo de la recitación del santo rosario.

Desde nuestro sitio vimos llegar y querer entrar a José Montéz hombre de muy buen
corazón y muy cumplido pero de mala fama por ser el borrachín del pueblo.
Queriendo subir los escalones de la casa, José se detuvo del marco de la puerta y metió
solamente su cara adentró en la chica sala

y con voz alta y cantada a todos presentes sus saludos les dio con unas – buenas noches, buenas noches y muy buenas noches.

Al querer entrar en la casa como en copas andaba casi se tropezó y de narices cayó. Con ayuda, de mis amigos y yo, su paso enderezó y con su andado un poco chueco sus respetos a Doña Sarita intentó.
A llegar al cuerpo, José Montéz se hincó. Acomodándose en el arrodillador se persignó y con murmullos que solamente él y Dios entendieron con un gran amén su rezo acabó.

Un poco descontrolado José Montéz se levantó pero viendo que casi se caía del cuerpo de Doña Sarita se pescó,
y con ese abrazo tan inesperado y por la condición de la vieja mesa que servía como ataúd, Doña Sarita con todo su peso arriba de José cayó.
Los candeleros con sus velas encendidas en fuego pescaron las viejas y secas tablillas de la mesa y piso de la chica sala.

Entre todos los gritos y empujones de la gente queriendo salir de la casa se oía el desafortunado José que lloraba y gritaba - ¡*quítenme la muerta, quítenme la muerta!*

Mis amigos y yo comprendiendo la situación corrimos a la ayuda de José que atrapado entre las llamas y debajo de Doña Sarita todavía gritaba que le quitaran la muerta.
Con repujones y estirones a José pudimos sacar de la tumba humana que lo enterraba y con estirones de piernas también a Doña Sarita sacamos de las llamas que quemaban la chica sala de la humilde y pobre casa.
Con la ayuda de otros el cuerpo de Doña Sarita se cargó
y a la casa de un vecino se llevó.
Desde allí la familia y las amistades vieron la casita quemar
y como una caja de cerillos encendida en cenizas quedar.
La siguiente mañana entre el frío de enero la sepultura de tan querida dama con tanta tristeza y amargura se llevó acabo.

Y ustedes que con interés han leído este verdadero evento
y que con curiosidad se preguntarán que les habría pasado a todos los protagonistas de tan triste historia con duda no se quedarán.
Don Casimiro sobrevivió esa noche del velorio solamente un año, muriendo con una sonrisa y el nombre de su querida Sarita en boca.
José Montéz, que muchos culparon por la desgracia de esa noche, nunca se volvió a ver por eso lugares y jamás licor volvió a beber.
¿Y qué de las tres hermosas hermanas Treviño?
¿Qué destino les propuso la vida? preguntarán.
Se enamoraron, se casaron y bendecidas fueron con mucha familia
y siempre siendo adoradas por sus maridos, mis amigos y yo.

## La curandera

En una calle que le daba entrada a San Agustín, la vieja iglesia de mi barrio, se encontraba una casa chica vestida de blanco con marcos pintados de verde.

En esa casita perfumada y decorada por tantas lindas flores de jazmín, gardenias, buganvillas, y rosas de castilla vivía Doña Anatasia Navarro, la curandera del barrio.

Doña Tachita, como cariñosamente le llamaba la gente, aunque anciana caminaba muy derechita, y su cara morena, chatita, y arrugada siempre se veía con una sonrisa.

Para enfermedades de la naturaleza, consejos generales y espirituales por todo el barrio y barrios cercanos su nombre y fama se conocía.

Si por necesidad llegaba uno a entrar a su casita lo primero que veía en su salita, que también servía como consultorio, era un altar hecho de madera con un crucifijo de oro colgado en medio.

De allí también lo miraban dos estatuas de ojos de cristalinos, una de Nuestro Señor Jesucristo y la otra de Nuestra Señora la Virgen de Guadalupe.

Lámparas de luz no se necesitaban en ese templo casero, porque bastante luz daban las velas de diferentes colores que alumbraban el chico santuario.

Pasando por dentro de la casa, que consistía de la sala, una recamara y la cocina, llegaba uno al jardín mas bien conocido como la “botica” de Doña Tachita.

El jardín de plantas cariñosamente cultivadas por la anciana era el almacén donde recogía y de donde preparaba sus remedios curativos.

Si por ocasión tiempo le sobraba a uno y quisiera conocer las propiedades curativas del jardín de Doña Tachita, la buena viejita a su servicio estaba.

Caminando lentamente pero con voz fuerte le iba enseñando y explicando las virtudes de su boticario milagroso.

Lo pescaba a uno del hombro y sin apuro comenzaba su discurso.
-El Tilo para el sarampión, la Manzanilla para la nausea, el Laurel es muy bueno para las neuralgias.  Mira que hermosa está la salvia Aloe Vera, como es buena para las

quemadas, la hoja del Álamo es muy buena para el catarro, y si tienes asma no hay cosa mejor que el té de Jazmín.
Para los calambres la Ruda, Anís para el cólico, las jaquecas se curan con la Alhucema, el reumatismo con Sasafrás y para la diabetes la nuez del Nogal.

De esa manera seguía su instrucción hasta que al fin llegaba uno otra vez más a la entrada de la casa.

Con su "botica", su corazón en mano y su gran fe en Dios
la curandera por años alivió las enfermedades y sufrimientos de los pobres del barrio.

Y cuando le preguntaban que le debían por un consejo o un remedio dado,
contestaba con una sonrisa en la boca,"
digan un rezo para mí y hay lo que me puedan dar".

Los años pasaron y con la ayuda del gobierno hasta los pobres llegaron a los doctores visitar y los remedios recomendados por ellos, muchos antes caseros,
ahora en bonitas botellitas en la farmacia se podían comprar.

Y poco a poco la buena curandera la gente de ella se olvidó
y la casita vestida de blanco con marcos pintados de verde, perfumada y decorada por tantas lindas flores la gente desagradecida también abandonó.
Y un día la "botica" con sus plantas curativas, el orgullo de Doña Tachita,
abandonada y sin uso también como la santa viejita al fin de tristeza murió.

www.ingramcontent.com/pod-product-compliance
Lightning Source LLC
LaVergne TN
LVHW061257100826
845148LV00008B/1155
* 9 7 8 0 9 7 4 8 7 4 7 6 0 *